... und wunderbar das Volk manipulieren. Politische Ge-
dichte. Gerda Greschke-Begemann

Bibliografische Information der Deutschen Nationalbibliothek:
Die Deutsche Nationalbibliothek verzeichnet diese Publikation in der
Deutschen Nationalbibliografie; detaillierte bibliografische Daten
sind im Internet über http://dnb.dnb.de abrufbar.

© 2022: Gerda Greschke-Begemann

Herstellung und Verlag: BoD – Books on Demand, Norderstedt
ISBN 9783756860579

... und wunderbar das Volk manipulieren.

Politische Gedichte

Gerda Greschke-Begemann

Politische Gedichte haben mit Macht, Herrschaft, Konflikt,
Ordnung, dem Gemeinwesen und Frieden zu tun.

Sie wurden geschrieben für Menschen
mit Mut zum kritischen Denken

Statt Vorwort

Kälte lagert über dem Land

Schneeschicht lügt gleisnerisch

auf den harten Böden der Felder.

Im Raureif erstarrt sind schweigende Wälder.

Wo bleibt die Solidarität?

Gift

Die Wasser unsrer Erde sind vergiftet.
Doch tötet dieses Gift nicht gleich,
es verseucht allmählich die Gehirne,
vernebelt die Gedanken zu Kritikunfähigkeit
und macht, dass man nach unten gegen Schwäch're kämpft.
Das ist so einfach.

Wer selbst nichts hat und niemals haben wird,
erklärt das Nationale nun zu seinem Wert
anstatt den Blick und Widerstand dorthin zu richten,
wo in grenzenlosem Überfluss
sich jene eingerichtet haben,
die wirklich uns beherrschen und berauben
und unsre Atemluft so dumpf verpesten.

In Parlamenten und Beamtenstuben
hocken viele, die diesen Herrschaften zu Diensten sind.
Sie fühlen mächtig sich und sicher,
denn ihnen wurden lebenslang versprochen
die dicksten Krümel von dem Kuchen,
den andere zwar backen, doch nie essen dürfen.

Die stets Betrogenen marschieren wieder,
sie schreien laut, jedoch nicht nach Gerechtigkeit.
Mit schweren Stiefeln und vergifteten Gehirnen
suchen sie Heil in nationaler Überheblichkeit.

Auswahl

Nein, wir selektieren nicht mehr an der Rampe,
so barbarisch sind wir doch nicht mehr.
Die Schergen der SS sind ausgestorben.
Sie lebten lang und gut in diesem Land.

In Amtsstuben sortieren wir,
in Jobcentern, im Parlament und sogar auf dem Meer
entscheiden heute wir,
wer würdig leben darf, wer nützlich ist
für Wirtschaft, Kapital und reiches Deutschland.

„Es ging uns nie so gut wie heute!"
Auch Wiederholung macht das nicht für alle wahr.

Und wem es nicht gut geht,
gehört zu diesem Deutschland nicht,
muss draußen bleiben,
vor Landesgrenzen, Supermärkten, Bankgebäuden.

Selbst auf den nassen kalten Bänken im gepflegten Park
bedrohen die zu wenig deutschen Menschen
das nationale Wohlgefühl.

Wunschtraum

Den Schlafsuchenden wünsche ich Ruhe,
den im Traum Gejagten Frieden,
den Trauernden Licht in die Seele,
und den Flüchtenden eine Heimstatt.

Den von Angst Gepeinigten wünsche ich Befreiung,
allen von Armut Gequälten die nötigen Mittel
und die Kranken mögen schmerzfrei bald genesen.

Den Hassenden sei Liebe ins Herz gepflanzt,
den Gierigen Mitgefühl
und Gelassenheit den Neidern.

Doch ich bin keine Göttin, es bleibt nur Wunsch.

So viel Angst

So viel Angst –
so wenig Zukunft für die Kinder.

Angst vor einem Klimawandel
mit Katastrophen der Natur, die daraus folgen.

Angst vor ewig strahlendem Atommüll,
der krank macht und uns siechen lässt zum Tode.

Angst vor Elend, vor Gefangenschaft in Not,
vor Hungertod und Aussichtslosigkeit,
die Viele treibt, das Land der Heimat zu verlassen,
und wieder Angst, im neuen Land verfolgt zu werden.

Auch vor Verarmung, dem Verlust der Arbeit
haben viele Angst.
Vor Preisen, die man nicht mehr zahlen kann
und dann herausfällt
aus der Gesellschaft und sozialen Gruppen.

Oder die Angst vor gnadenloser Macht des Geldes,
die selbst Gehirne waschen kann,
wenn sie bestimmt,
was wir noch tun und denken dürfen.

Nun auch die Angst vor Vireninfektionen,
die medial geschürt den Blick so bannt,
dass wir nur noch ans Heute, nicht ans Morgen denken,
an jene Zeit, die früher Zukunft hieß.

Es herrscht die Angst, zu sagen, was man denkt und fühlt,
weil sofort tausend gift'ge Pfeile abgeschossen werden,
auf jeden, der den Tunnelblick verlassen will
aus Sorge um die Zukunft.

Inflation

Dumpf liegt Bedrohung in der Luft,
wabert mit ihr übers ganze Land
durch die Städte bis in unsre Häuser,
macht nicht an Landesgrenzen halt,
drückt Köpfe nieder, macht Gedanken schwer.

Man weiß: Von hundert Menschen
wird wieder einer nur gewinnen
und stets der Gleiche ist es,
denn die Claims der Welt sind längst verteilt.

Die andren neunundneunzig müssen dienen
und hoffen, dass der eine sie am Leben lässt
vor blank geputzten, überbordenden Regalen,
an denen unten Schimmel klebt und Fäule.

Arm sein

Da gibt es diese Leute,
sie sitzen auf edlen Sofas
unter teuren Designerlampen
und glauben, sie könnten andren raten
wie Sparen geht.

Denn Energie ist knapp
und Preise schießen hoch.
Wer selber aber keine Armut kennt,
der soll bloß schweigen!

Arme brauchen keinen arroganten Ratschlag
von Ministern oder hochbezahlten Journalisten.
Die wissen nämlich nicht und haben nie gefühlt,
wie arme Menschen längst schon leben müssen.

Wer all sein kleines Geld komplett ausgeben muss,
um Miete, Heizung, Essen, Apotheke
und vielleicht, –als letztes Stückchen Freiheit–,
ein Auto zu bezahlen,
braucht keine Tipps mehr,
er braucht Hilfe.
Bei ihm gibt's nichts mehr wegzusparen.

Die ledige Mutter,
die Alte mit der kleinen Rente,
sie hat kein Zeitungsabonnement
und keine Versicherung

gegen jedes Risiko im Leben.
Das kann sie sich nicht leisten.

Du triffst sie nicht in Restaurants oder beim Shoppen.
Du siehst nicht, wie fürs Kind
sie manches sich vom Mund abspart
und dass Verzicht ihr ständiger Begleiter ist.

Sie schlägt sich durch.
Sie sucht beim Einkaufen im Supermarkt
die reduzierte Ware, die morgen schon verfällt.
Sie zuckt zurück beim Griff nach Dingen,
die heute doppelt so viel kosten
wie noch vor einem halben Jahr.

Ihr Einkaufskorb ist traurig reduziert,
doch zahlen muss sie wie für einen vollen.
Sonntagsbrötchen gibt's nicht mehr,
das abgepackte Billigbrot muss reichen.
Einteilen muss sie auch
den Lieblingskäse ihres Kleinen.

Der Nachbar schenkt ihr Äpfel aus dem Garten.
Sie will noch nicht zur Kleiderkammer,
ihr Kind jedoch, es wächst
und es braucht neue Schuhe.
Die alte Frau nimmt nur noch Melkfett
für ihre trockne Haut mit Juckreiz.
Das hilft ihr aber nicht.

Sie wickelt sich in alte Jacken,
bekämpft ihr Frieren in der Wohnung,
weil sie Angst hat vor der Heizungsrechnung.
Dann sieht sie fern
und hört, dass Frieren und Verzicht der Preis sind
für eine Freiheit, die für sie nicht gilt.

Die junge Mutter holt ihr Kind zu sich ins Bett,
weil es vor Schmerzen weint beim Husten.

Reisende

Nicht lange waren sie fort
in diesem Jahr, die Kraniche.
Schon ziehen sie rufend wieder nach Norden.

Am dämmernden Himmel
als wechselnden Winkel
seh' eine kleine Gruppe ich fliegen.
Wie mögen ihr Leben sie
spüren, die Kraniche?

Selbst reisen wie Vögel würde ich gern
mit offenem Ziel,
wohin Sehnsucht mich treibt,
neue Erfahrung zu sammeln.

Entsetzt wäre ich,
wenn unter mir
aus schadhaften Booten
zwischen stürzenden Wellen
ein angstvolles Beten
steigt klagend zum Himmel –
von Menschen auf der Flucht nach Norden.

Was ist der Mensch?

Ein Säugetier, das aufrecht gehen kann
Das in Gesellschaften sich organisiert
Und diese stürzen oder fortentwickeln kann.

•

Der Mensch erschafft sich neue Welten
Mit Technik, Werkzeug, Geisteskraft
Erobert er sich Räume, wo böse Regeln gelten:

Gewissen unterdrücken, Freiheit beherrschen
Erkenntnis sammeln und zu Geld verwerten
Normen geben, doch nach Bedarf verwerfen.

Sein Besitz gibt Macht ihm über jene
Die er abfällig betrachtet mit Häme
Nur, weil sie nicht vom Glück getroffen sind,
Sondern geboren wurden als Schatten-Kind.

Doch immer wieder erhebt sich Menschengeist
Aus dem Schatten hoch zu Würde und Gerechtigkeit.

Die goldnen Zeiten sind vorbei

Herbst 2020

Sprache ist zu Hass und Hohn verkommen
Giftig' Worte schmähen Menschen, die an Güte glauben
„Gutmensch" ist verachtende Beleidigung geworden.
Erbarmen hat in braunen Neid sich umgekehrt.
Es droht Zukunft seelenlos und eisig.

Herbst 2022

Endgültig vorbei sind die goldenen Zeiten.
Wie Morgennebel kriechen Angst und Sorgen wieder hoch.
Sie werden nicht mehr weggefunkelt von der Sonne.
Kalter Wind verheißt jetzt raue Zeiten.
Im Regen wandeln bunte Blätter sich zu Schlamm.

Ich sehe, aber ich erkenne nicht, warum

Als die Kapitalisten sich verzockt hatten,
ihr Finanzsystem zusammenbrach
und Banken bankrottgingen,
da sah ich, wie die Staatsführungen unbegrenzt
das Geld ihrer Steuerzahler nahmen
und die Banken und Finanzjongleure retteten.
Ich erkannte nicht, warum dafür
das einfache Volk zahlen musste.

Ich sah, dass Bevölkerungen verarmten,
aber Hilfe nur ausgeteilt wurde für Banken,
nicht für Menschen.
Wer nicht auf der Sonnenseite stand,
musste elendig knapp sein Leben fristen.

Als westliche Regierungen Kriege führten im Nahen Osten
und die Menschen dort flohen
vor Not und Krieg zu uns nach Europa,
sah ich, wie schon nach kurzer Zeit
sich der Hass verbreitete gegen Flüchtlinge.
Die schon länger in unserem Land Wohnenden
hatten Angst, ihr Weniges weiter zu verlieren,
es teilen zu müssen mit den Geflüchteten.
Ich erkannte die Angst, aber ich verstand nicht,
warum wieder die Kleinen bezahlen mussten,
während den Großen nichts genommen wurde
über höhere Steuern.

Als das COVID-19-Virus sich in der Welt ausbreitete,
sah ich mit Schrecken,
wie sich die Gesellschaft spaltete,
sah, dass Menschen boshaft untereinander wurden,
sich beschimpften und hassten.
Die hektischen Pandemie-Maßnahmen der Regierung
trieben diesen Prozess voran.
Angst wurde geschürt,
Menschen wurden isoliert,
soziale Strukturen zerfetzt.
Kinder lernten erst gar nicht mehr
ein soziales Miteinander;
sie waren die Schwächsten
und wurden in vieler Hinsicht Opfer.

Ich erkannte, dass eine aufgesplitterte Gesellschaft
schwach ist.
Sie kann sich nicht mehr wehren
gegen Verlust von Wohlstand oder Freiheit.
Ich verstand nicht,
warum ein solch hoher Preis gezahlt wurde,
warum Kritik und Proteste zum Verbrechen wurden.

In meiner Kindheit hab' ich nur den Kalten Krieg erlebt,
doch sah ich in den letzten Jahren
wie auch die heißen Kriege immer näher rückten.
Ich konnte nicht erkennen, wem diese Kriege nützten,
außer denen, die Geld und Rohstoff kontrollieren.

Und dann sah ich,
wie ein Konflikt um imperiale Einflüsse
zugespitzt wurde,
nun wieder zwischen Ost und West.
Ich sah, wie sich beide Seiten vorbereiteten
auf einen neuen Krieg,
wie er provoziert wurde,
militärisch und durch vorsorgliche Sanktionen.
Seit einigen Monaten sehen wir das Ergebnis.
Wir sehen Vernichtung und Sterben in der Ukraine;
und wir sehen es täglich, das Elend,
von Bildschirmen kriecht es uns unter die Haut.
Ich sehe, wie sehr dieser Krieg uns arm macht und böse,
ich sehe, dass unsere bisherige Art zu leben
geopfert wird für diesen Krieg,
den wir auf der Seite der Ukraine unterstützen.
Ich sehe ohne Verständnis,
wie viel Geld und Menschlichkeit uns dieser Krieg wert ist,
der doch -wie jeder Krieg-
nicht gewonnen werden kann.

Alles, was unsere Existenz bisher sicherte,
wird freiwillig aufs Spiel gesetzt:
Wirtschaft- und Warenkreisläufe,
die Meinungs- und Pressevielfalt,
unsere moralischen Maßstäbe und Sicherheiten,
unser Einkommen und alles,
was bisher zum guten Leben wichtig war.

Erbarmungslos zerstört wird auch Natur,
die doch Grundlage ist unseres Lebens.
Wir könnten friedlich sinnvoll kämpfen
für Klimaschutz, für den Erhalt der Ökosysteme
und für Aufforstung neuer Lebensräume –
es gibt so vieles, wo sich die Mühen
und die Geldausgaben lohnen würden.

Stattdessen wird sich überboten
in Bellizismus mindestens verbal.
Mit großer Angst erkenne ich,
dass selbst ein Atomkrieg
wieder denkbar geworden ist.
Ich weiß, wer zuerst sterben wird.

Gleichzeitig seh' ich, dass das Nato-Land Türkei
in Nordsyrien und Nordirak
exakt das gleiche tut wie Russland in der Ostukraine.
Hat völkerrechtswidrig fremde Territorien besetzt
kämpft militärisch gegen die Bewohner,
wenn sie sich gegen die Besatzung wehren.
Das seh ich zwar, doch kann ich nicht verstehen,
warum dies ungestraft erlaubt wird
von uns, die wir doch anderswo behaupten,
die Freiheit zu verteidigen.
All dieses sehe ich und kann die Gründe nicht erkennen.

Heute bin ich müde,
bin schwach geworden

und nehme ohne Gegenwehr
fast alles hin, was zugemutet wird.

Jetzt wäre eigentlich es Zeit
und Aufgabe für junge Menschen,
zu kämpfen für ihre Freiheit,
ihre Zukunft und für echte Demokratie.
Aber ich erkenne nicht,
wie sie dieses leisten könnten.
Sie konnten ja nie lernen, wie es geht,
sie durften sich kritisches Denken
doch nicht mehr erlauben.
Orwells böse Welt rückt näher.

Doch eines möchte ich noch wissen:
WARUM?
Wenn all dies nicht verrückter Plan ist
von wahnsinnigen Geld-Machthabern,
die ihre Herrschaft so weit auf die Spitze treiben,
bis das Fundament zerbricht, –
was sonst kann es dann sein?
Ist es vielleicht die Gegenwehr geschändeter Natur?
Muss sie uns zerstören,
bevor wir sie vernichtet haben?
Welch trauriges Fazit:
Immer nur Krieg und Zerstörung.

Menschen sind sterblich

Ja, wir Menschen sind sterblich und jedes Leben endet im
Tod.
Wir sterben am Alter, an Krankheiten, Hunger und Not.
Wir sterben in Katastrophen, beim Unfall, durch Armut, in
Kriegen.
Durch Terror sterben wir. Fernsehen zeigt zerfetzte
Leichen liegen.

Wenn ein altes Leben verlöscht, oder das eines Kranken,
trauern wir und halten den Verstorbenen in Gedanken.
Doch zahllose Opfer von Elend und Krieg sind Alltag
geworden.
Leiden wir wirklich mit bei diesen fernen Morden?
Nein, mit solchen Toten haben wir uns abgefunden, lange.
Betrifft uns doch nicht! Der Krieg ist weit weg, bloß keine
Bange.

Wenn Unfälle und Katastrophen geschehen,
schrecken wir auf,
fühlen uns hilflos verletzlich,
beklagen grausamen Schicksalslauf.
Und wie vormals Göttern geopfert wurde,
um Unheil abzuwenden,
so fließen heute auf Charity-Galas werbewirksame Spenden.

Wenn aber Mord und Terror hier bei uns selber einschlagen
fehlen uns Muster, Rituale und Antworten auf Fragen.

Blankes Entsetzen wird von Angst und Wut überschwemmt,
spült Wünsche hoch nach Rache, moralisch enthemmt.

Doch keine Erlösung von fragender Wut:
Warum maßen Menschen sich an
zu entscheiden, dass ein anderer nicht mehr leben kann?
Verfrüht sind alle gewaltsamen Tode. Und bleischwer das
Wissen um Eskalation:
Ein neuer Bomber, ein Sprenggürtel, die nächste Explosion.

Ja, wir Menschen sind sterblich, jedes Leben endet im Tod.
Wir sterben in Kriegen, am Alter, an Hunger und Not.
Jetzt ist es ein Virus, das Menschen wegrafft. -
Lange hat Tod nicht mehr so viel Beachtung geschafft.

Krieg

Vor dem Krieg

Ein scharfer Wind hat sich erhoben,
fährt ohne Regeln unstet durch die Höfe
und wirbelt Unrat hoch auf dunklen Straßen.

In Gärten nimmt er Bäume bei dem Schopf,
reißt blonde Blätter ab, die treiben
noch ungewiss, wo sie mal landen werden.

In Böen fährt der scharfe Wind durchs Land,
zerreißt wie wollüstig die Friedhofsruhe
und rüttelt drohend an den Fenstern.

Die Komitees hocken verhandelnd
in ihren abgeschirmten Räumen
und niemand wagt den Blick nach draußen.

Die Erde trinkt Blut

Die Erde trinkt wieder Blut:
Das Blut von verführten Menschen,
die fanatisch angestachelt kämpfen,
und glauben, für ihr Land sei dieses gut.

Doch ihr Blut verdorrt die Erde,
es ist mit bittrem Tod vermischt,
mit Splittern, Sprengstoff, Öl und Gift.
Es stimmt nicht, dass ein Land durch Blut geheiligt werde.

An die Falken: Wer ohne Schuld ist, werfe den ersten Stein

Zurückschauen wollt ihr nicht, sagt ihr,
sondern nur nach vorne.
In welche Zukunft denn?
In welche Welt?

Wisst ihr überhaupt,
wie Frieden könnt' gewonnen werden,
wenn ihr den Krieg betreibt mit Todeswaffen?

Erfahrung und Verstand
haben uns längst bewiesen,
dass jeder Kriegstag neues Leid gebiert und neue Tote.

Auf die Gegenwart der Blick allein
zerreißt uns schon das Herz
und ist kaum zu ertragen.

In vielen Teilen unsrer Welt herrscht großes Leid
der kriegsgeschund'nen Menschen
mit Kindern auf der Flucht, fort aus zerstörter Heimat.

Sie tragen keine Schuld.
Und doch sind sie es,
die euren Preis bezahlen.

Es ist genug! Und viel zu hoch der Preis
an Leben, Menschlichkeit und auch an Geld,

das nur die Rüstungsindustrie
und Großhändler von Energie bereichert.

Nein, wir dürfen diesen Preis nicht zahlen
bis hin zur Selbstvernichtung,
die uns nicht mehr erlaubt, zu helfen.

Euch Falken in den sicheren Bunkern
und bei geheimen Konferenzen in geschützten Sälen,
euch möcht ich sagen:
Hört auf! Auch eure Zukunft wird betroffen sein.

Ihr, die ihr Überzeugungen habt, doch keine Fragen mehr

Es ist Krieg.
Ihr nennt es Zeitenwende.
Die alte Moral wird über Bord geworfen.

Einen Blankoscheck
habt ihr gegeben
für Kriegsführung mit unbestimmtem Ziel.

Ein Ende ist nicht absehbar
und auch noch lange nicht gewollt,
denn es wird endlos weiter aufgerüstet.

Mit Atomraketen
werden Abschussrampen ausgestattet
und Rüstungsschmieden bauen eifrig Panzer.

Zu zahlen und zu liefern ohne Ende
haben wir versprochen.
Über Frieden wird nicht mehr verhandelt.

Lust am Krieg! –
Nichts anderes bedeutet es,
wenn Ministerin vor Kriegsmüdigkeit warnt.

Immer härtere Sanktionen
sollen Russland in die Knie zwingen.
Doch dieses Land hat Rohstoffe, wir aber nicht.

Wir werden ihn verlieren
den aussichtslosen Wirtschaftskrieg;
mit Existenzen und Milliarden dafür zahlen.

Jetzt schon leidet die Gesellschaft
unter Inflation und Sorgen um den Arbeitsplatz
und unter viel Angst um die Zukunft ihrer Kinder.

Konkreter und viel schlimmer noch
ist das Menschenleid im Kriegsland,
zu Verzweiflung und Angst kommt Verstümmlung und Tod.

Lösungen werden nicht mehr gesucht
zur Heilung schlimmster Weltgefahren;
wer danach fragt, wird diffamiert mit bösen Worten.

Es wird behauptet,
in diesem fatalen Krieg
würden verteidigt Freiheit und Demokratie.

Wie kann es dann sein,
dass dafür gezahlt wird
mit Verlust von Freiheit und Demokratie?

Ob wir uns nur wirtschaftlich
oder im Atomkrieg gar total vernichten,
ist nicht absehbar bei Unerbittlichkeit auf allen Seiten.

Zerstörung aus Prinzip!
Wem nützt das, wenn nicht jenen,
die immer verdienen am Krieg.

Wie Würmer

Sie tönen laut und hetzen Völker in den Hass,
Und kriechen wie die Würmer in die Erde,
In Bunker und in bombensichere Verliese,
Die Mächtigen der Welt,
Wenn ihre Spiele brenzelig geworden,
Und ihre Kriege toben,
Bei denen andre Menschen
massenweise sterben müssen.

Nach der Gedenkfeier

Antikriegstag ist heute
und ich wollte nicht abseits stehn.

Im festen Willen für Frieden
sind wir zusammengekommen,
haben geredet, gesungen, gewünscht und jener gedacht,
die zu vielen Tausenden hier in Massengräbern liegen,
zu Tode geschunden als Kriegsgefangene
in meiner Heimat.

Zahlreich sind Alte zum Gedenken gekommen,
aber auch viel junge Leute
und die haben mir Hoffnung gemacht!

Später, beim Spaziergang mit dem Hund im Wald
war ich noch tief in Gedanken.

65.000 Menschen tot – im Boden verscharrt...
Meine Fantasie reicht nicht aus,
all die Schicksale zu fühlen. Das ist zu schwer.

Es ist so still, so still hier im Wald...
Doch neben mir ist Truppenübungsplatz.

Lässt sich Hass bekämpfen?

Lässt sich Hass bekämpfen?
Nein, Kampf führt zu neuem Hass.
Aber ächten kann man ihn
und seine Äußerung bestrafen.

Manchmal lässt er wandeln sich.
Dann, wenn Menschen wagen,
einander zu begegnen
und verstehen, was der andre fühlt.

Wenn sie einen neuen Weg beschreiten,
den Weg voll Achtung für ein jedes Leben,
der in Freundlichkeit und Nächstenliebe
sie zusammenführen kann.

Nur die unbelehrbar Hasserfüllten,
die in braunem Größenwahn
aus ihrer Kleinheit sich erheben wollen,
sollten ausgesperrt und einsam sein für immer.

Totentänzer

Sie tanzen ins Verderben,
reiten lustvoll die Prinzipien
auf stählernen Rössern gegen die Wand
ohne Rücksicht auf Verluste,
die erstmal andre tragen müssen.

So feiert weiter, wer sich's leisten kann,
will nicht denken oder wissen,
dass Krieg zum schnellen Ende führen kann.
Für alle. Auch für siegessichre Tänzer.

Klima und Umwelt

Die Erde brennt

Die Bäume sterben immer noch
Tote Stämme klagen an
Ragen nackt und braun aus noch verbliebenem Grün.

Die Fluten steigen immer noch
Zerstören Heimat irgendwo
Reißen Menschen tief in Nöte und Verzweiflung.

Die Erde brennt an vielen Stellen
Wüsten wachsen schnell
Die Grundlagen des Lebens schwinden, sterben.

Konkurrenz und Hass regieren unsre Welt
Kriege töten noch
Waffen sind klüger schon als Menschen.

Kinder werden immer noch geboren
In bedrohlich' Welt
Wir können ihnen nichts versprechen. Das schmerzt.

Zukunft verheizen

Es werden geopfert
unsere Lebensgrundlagen:
Die Wälder, die Böden, das Klima der Erde,
für die ungewisse Freiheit eines einzigen Landes.

Das Leiden anderer Völker an Hunger, Dürre und Flut
ist Nato-Kriegern egal. Sie wollen Sieg über Russland
um jeden Preis. Den aber zahlen nicht sie selber.
Unsere Nachkommen sollen die Folgen tragen.

Für ihren Krieg wollen sie nicht unterscheiden
zwischen Leben und Sterben von Menschen,
zwischen Wirtschaft und Demokratie.
Auch Frieden im Land ist ihnen egal.

Um Russland zu strafen,
wird verheizt menschliche Zukunft.

Doch wer den Kindern eine Perspektive lassen will,
darf nicht setzen auf Fracking und Kohle,
auf ökologisch verbrecherische Energie.
Er muss Vernunft walten lassen,
trotz Hetze eines olivfarbenen Präsidenten.

Füllt eure Seelen auf!

An einem Herbsttag wie heute
Kann keine Seele bitter bleiben,
Weil Sonne glühende Akzente setzt,
Farbenharmonien ohnegleichen
Auf Wälder an den sanften Bergen malt,
Und noch aus allen Gärten
Des langen Sommers Kraft nachstrahlt.

Lasst uns die Seelen füllen und bewahren
Dies Füllhorn aus Schönheit und Freude
Gegen kommende schlimme Zeiten
Ohne Vertrauen in die Kraft der Natur.

Nutzlose Suche

Mit Teleskopen, Satelliten, Sonden
Richten Menschen ihre Neugier in die Ferne.
Suchen, was noch nicht gefunden
Auf dem eigenen Planeten Erde.

Sparen Mühe nicht noch Geld
Um zu entdecken,
Was die ferne Welt
An Geheimnissen enthält.

Kann es sein, dass sie versuchen,
Eine zweite Heimstatt dort zu finden?
Um im weiten Kosmos neu zu buchen
Platz für Zukunft, die wir hier so schinden?

Würde Geld und Forschung gegen den Zerfall
In unseren Planeten investiert, anstatt ins All,
Dann hätten wir verstanden:
Die Heimat ist kein Wegwerfball.

Shetland

Klare, kühle Luft von Nordsee und Atlantik -
sie trifft sich hier, wie auch das Wasser dieser Meere.
Gibt weite Sicht auf grüne Hügel,
auf weiße Schafe und orange schimmernd Täler
durch die sich schwarze Furchen ziehen noch,
wo Torf gestochen wurd' seit Hunderten von Jahren.

Die Wolken spielen mit dem Sonnenlicht,
sie malen Schatten auf die sanften Berge,
Seevögel schneiden scharfe Linien hinein.
Die Seen sind königsblau,
das Meer gesäumt von Wellenschaum,
der an schwarzen Klippen seit Jahrtausenden sich bricht.

Die Welt sieht heile aus hier oben im Norden.
Und wär es auch nur zauberhafte Illusion,
so wird die Seele dennoch
satt und still und ausgefüllt.
Wie lange dürfen wir noch Frieden schöpfen
und Kraft aus der Natur?

Mit Natur aussöhnen

Schon die Götter hatten Sorge
dass der Mensch zu mächtig werde
in seinem Wirken auf der Erde,
dass er sich maßlos viel ausborge
an Wasser, Pflanzen, Tieren, Land.

Zu spät erst hat der Mensch erkannt,
was alles aus der Welt bereits verschwand,
weil ungezügelt er aus Gier zerstört,
was Natur und Schöpfung doch gehört.

Allerhöchste Zeit ist's, uns zu versöhnen,
Frieden zu schließen mit der Natur.
Schöpfung muss wieder Kraft verströmen,
sonst bleibt uns jammerndes Sterben nur.

Braune Bedrohung

Sie darf nicht kippen

Es darf nicht sein, dass sie kippt, die Demokratie,
die noch nicht tief genug verwurzelt ist
in vielen Menschen,
die aber braucht, dass wir aufrecht stehen
und mutig uns entgegenstellen jenen,
die das Unheil suchen
und dabei lügend schreien „Heil"!

Die neuen Henker sind schon da

Die neuen Henker sind schon da,
bevor die alten Opfer noch gestorben sind.
Herzlosigkeit ist braun und lässt erzittern jene,
die wissen, was von solchen zu erwarten ist,
die ihren Hass durch Straßen grölen.

Opfer, die solches schon erfahren mussten
und braunen Terror überlebten,
sind alt und schwach geworden.
Sie hören das Gebrüll durch Straßen tönen
doch fehlt ihnen die Kraft zur Gegenwehr –
Sie müssen Hoffnung setzen auf de Andren.

Angst vor braunen Schergen

Nacht ist es, wenn sie toben,
die Ungeheuer, die ich fürchte.
Im Schlafe übernehmen sie Kontrolle
und feuern böse Bilder ins Gehirn.

Sie zwingen Schreie aus dem Mund,
der mir nicht mehr gehorcht im Traum.
Die Ungeheuer ängstigen und jagen mich,
genießen es,
dass ich nicht schneller fliehen kann vor ihnen.

Noch ist es nur ein schlimmer Traum.
Noch stehen sie nicht wirklich vor der Tür,
die braunen Schergen.
Noch sind es nächtlich Bilder nur,
die in den Tag mir folgen.

27. Januar Gedenktag

Unsere Aufgabe bleibt es,
Erinnerung zu wagen,
hinzuschauen und immer wieder
um Verzeihung zu bitten
für die Taten unserer Eltern, unsrer Ahnen,
und sei ihre Schuld nur das Wegschauen gewesen
oder ihre Angst vor mörderischen Herren,
und nicht verhindert zu haben
Untaten ohnegleichen.

Wir flehen um Vergebung,
doch das reicht nicht aus,
ein Leid zu tilgen,
um das nur wenige noch wissen,
es aber spüren bis zum letzten Atemzug.
Mit Ihrem Sterben stirbt nicht die Last
der Schuld unserer Ahnen –
die müssen wir weitertragen
als Teil unsrer Geschichte.

Wir können uns nicht ent-schuldigen!
Niemand kann die Schuld von uns nehmen,
auch die Opfer können das nicht.
Wir können nur dankbar sein,
wenn uns vergeben wird von Überlebenden,
die Gnade im Herzen tragen,
eine Güte, die unserem Volk so sehr fehlte.

Was zu tun bleibt für uns,
ist nicht nur Erinnern und Bereuen,
nein, wir müssen verhindern,
hier und für alle Zeit,
die Schändung des Gedenkens der Opfer.

Wir müssen furchtlos die Lebenden schützen
vor Angriff und Demütigung heute;
wir müssen die neuen Lügen unterbinden
und Mut haben zum Kampf gegen brauen Hass,
der längst wieder unter uns wohnt.

Niemals darf sterben unser Mut

Ich will keine Angst haben müssen
Angst macht mich wütend und füllt mich mit Hass.

Ich will nicht hassen müssen,
weil martialisch gekleidet in grölenden Gruppen
oder geifernd in Hitlerpose von Tribünen
wieder Jene die Straßen beherrschen,
die selbst sich erhöhen und andre bedroh'n.

Voller Hass sind sie, haben Waffen und Todeslisten.
Menschlichkeit haben sie nicht.
Ich will nicht Angst haben müssen
vor Solchen mit Waffen und Todeslisten.

Niemals darf sterben unser Mut,
Das Wort zu erheben, wenn Schlimmes geschieht.

Freiheit suchen

Ihr habt nicht verstanden

Politiker, habt ihr noch immer nicht verstanden,
dass eure Wähler zwar glauben wollen an Demokratie
aber nicht bevormundet werden von euch?

Menschen wollen gehört werden,
nicht wehrlos warten auf Entscheidungen
die ihr in abgeschirmten Räumen heimlich trefft.

Sie wollen nicht Befehlsempfänger sein, –
so sind die Zeiten heut nicht mehr!
Ihr irrt, zu glauben, alle Wähler seien dumm.

Sie fordern zu Recht, dass ihr die Sorgen beachtet
bei euren Entscheidungen, die ihr jedoch
zum Nutzen des großen Geldes nur trefft.

Die schlimmen Zeitenwenden der SPD

In unserem Land gibt es seit über 150 Jahren die SPD.
Frieden und Gerechtigkeit, Würde für alle
waren immer ihre Parolen.
Ihre roten Fahnen und die Parteiprogramme
gaben Hoffnung denen, die ausgebeutet wurden,
die in Kriegen sterben mussten,
die bitterarm in winzigen feuchten Räumen
ihr Leben fristeten, aber Würde anstrebten.

Doch schon 1914 begingen die Abgeordneten
ihre erste schwere Sünde,
sie stimmten für Kredite zum Krieg.
Was dann folgte, ist hinreichend bekannt.

1928 riefen die Menschen nach Essen,
doch SPD-Minister im Reichstag
stimmten für ein neues Wehrprogramm
für das „Sondervermögen" Panzerkreuzer.
Es spaltete sich daraufhin die SPD
und die Nazis wurden groß.
Was dann folgte, ist hinreichend bekannt.

Nach dem zweiten Weltkrieg
gab die SPD für eine Weile wieder Hoffnung jenen,
die Kriege hassten und Frieden liebten.
Doch 1959 stimmte sie gegen ihr Gewissen
der Nato und Bundeswehr zu.

Die Risiken kannte die SPD,
aber sie gehorchte den USA.

Ihre Wähler aber wollten Frieden,
keine Atomraketen in ihrem Land,
die dennoch abgesegnet wurden
von regierender SPD im Jahr 1979.
Erneut verlor die Partei Wähler und Macht
bei dieser wiederholten Zeitenwende.
Die Parteiprogramme wurden korrigiert.

Und nun, im Jahre 2022
gibt es schon wieder eine „Zeitenwende",
wieder ein „Sondervermögen"
zur Aufrüstung von Militär,
für Unterstützung eines Krieges,
der die eigenen Menschen bedrohlich verarmt.

Friedenspolitik wird wieder umgeschrieben
von der alten SPD, die wieder ihre Wähler verliert.
Warum nur bereitet eine Hoffnungspartei
schon wieder den Weg in furchtbare Zeiten?

Es gibt da draußen keine Farben mehr

In meine Traumwelten ziehe ich mich zurück
Die Wirklichkeit halte ich nicht mehr aus

Es gibt da draußen keine Farben mehr
Nur schwarz oder weiß

Ich soll mitschwimmen auf fremden Gedanken
Sonst wünscht man mir den Tod

Schrill ist die Sprache geworden
Kein Platz für Zwischentöne mehr

Gefährlich geworden ist es
Gedanken zu äußern
Oder Fragen zu stellen
Die neben dem Mainstream sind

Ich beginne, an meinem Verstand zu zweifeln
Vielleicht muss mein Gehirn
Zur Anpassung gewaschen werden

Ich denke mir eine heile Welt aus
Und möchte darin leben

Bruchlos

Ach, war Regieren einst und vordem
für Herrschende noch unbequem.
Befehlen mussten sie, auch notfalls Militär bemüh'n,
frech mussten sie sein und sogar kühn.

Jetzt aber reicht es, dreist zu sein.
Digital-Trojaner schleust man ein
in Geräte, die Gehirne dominieren.
So lassen sich Gedanken spielend kontrollieren
und wunderbar das Volk manipulieren.

Regierende Parteien haben fix mal abgenickt,
dass Widerstand und Würde werden uns geknickt.
Es wird nun einfach durchregiert,
egal, wer Kanzler oder Chefin wird.

Uns Wahlvolk haben sie im Griff,
seitdem man „Achtung! Virus!" rief.
Wir haben angstvoll tief gebeugt uns und gebückt,
als unbesonnen schnell die Welt wurde ver-rückt.

Kinder lernten Abstand und Verzagen.
Wer herrscht, der sieht das mit Behagen,
denn solche Menschen werden weiterhin sich bücken,
gewöhnt daran, alles ohne Widerstand zu schlucken.

So ist Regieren nun enorm erleichtert;
Volksvertreter haben sich mit Masken-Deals bereichert.

Man ahnt es schon, wie sie aufsteigen
bis in den elitären Geldmacht-Reigen.

Fürs Volk, da werden Vorurteile digital multipliziert,
ungetrübt von dem, was in Wirklichkeit passiert.
Aus alten Mustern ist böser Geist noch immer vorhanden,
bruchlos hat der Hass auf Russland lange Zeiten überstanden.

Das reicht, damit sind Leute schon zufrieden,
jeder Aufruhr bleibt vermieden.
Für mich selber bin ich wenig bange:
Meine Zukunft dauert nicht mehr lange.

Wer früh das Bücken übt

Wer früh das Bücken übt
und seinen Kopf stets einzuziehen liebt,
bei Nähe schnell zurückschreckt
und immer brav den Mund bedeckt
aus antrainierter Angst vor Viren,
wird eignes Denken schnell verlieren.

Wie kann ein junger Mensch noch lernen, frei zu sein?
Für soziales Leben fehlt ihm jeder Grundstein.
Denn Angst ist es, was junge Menschen üben mussten,
unter Covid, noch bevor sie viel vom Leben wussten.

Und weil es angeordnet ist seit Jahren,
wird nun gehorsam damit fortgefahren.
Es stirbt Kritik und echtes Leben,
Widerstand wird's nicht mehr geben.

So kann Regierung ungestört am Sessel kleben.

Keine Wege mehr

Warum ist es, dass ich im Traum den Weg nicht finde
Und jede Straße führt ins Nichts?

Oder sie endet vor verschloss'nen Toren
Obwohl das Navi mir was andres zeigt?

In der Ferne sehe ich die Straßen
Doch kann ich sie erreichen nie.

Es frisst die Seele, zerrt an dem Gemüt
Wenn mir ein Standpunkt aufgezwungen wird
Der nicht meiner Moral entspricht
Wo doch der Vorrat meiner Kräfte
Sich schon erschreckend neigt.

Weiterleben

Wenn es das Schöne nicht gäbe,
Wie könnte ich leben in bleierner Zeit
Wenn ich nicht Sanftheit in meine Seele nähme
Trotz Kriegsgeheul und zunehmend Leid?

Es heißt, es wird uns niemals wieder besser gehen
Wir Armen müssen uns noch mehr bescheiden
Dann aber muss ich täglich Schönheit sehen
Um Alltagsschmerz zu heilen.

Pandemie

Sozialer Tod

Das soziale Zölibat hab ich nicht freiwillig gewählt
Es wurde verordnet.

Die Stimmen sind harsch geworden im digitalen Raum
Kontakte brechen ab.

Der befohlene Abstand hat Gräben gerissen
Bald sind sie unüberwindbar.

Uns geht das Leben verloren
Wird reduziert auf bloße Existenz.

Wo sollen Kinder noch Mitmenschlichkeit lernen?

Corona-Virus

Es ist winzig und schwach,
kann alleine nicht leben,
an andren Zellen muss es kleben
für Wirkung. Es machte uns hellwach
das Virus.

Die Jungen sollen die Alten meiden,
um sie zu schützen, heißt es,
doch Einsamkeit macht noch mehr Stress.
Solchen Schutz will kein Alter erleiden
wegen eines Virus.

Unsichtbar, winzig, mit unkontrollierter Macht
stellt es alles in Frage, was Gewissheit uns war,
setzt Maßstäbe, die noch gestern nicht denkbar,
hat Unheil und Angst in unsere Mitte gebracht
das Virus.

Tief zerschneidet die Klinge der neuen Gefahr
bewährte Konventionen und Gebräuche.
Alles unterwirft sich zwanghaft dieser Seuche.
Doch Leben und Tod sind nicht berechenbar,
beweist uns dies Virus.

Wenn Geld und Macht nicht reichen

Zermürbendes Warten.
Wann trifft es mich und wie?

Es zieht durchs Land,
hält reiche Ernte.

Wird man mir helfen,
dass ich nicht ersticke?
Das Sterben wenigstens erleichtern mir?
Oder streift das Virus mich nur sacht?

Eines aber ist gewiss:
Es findet uns alle,
egal, in welchem Versteck.

Corona Surfen

Wir haben Surfen gelernt
auf den Wellen von Corona-Virus-Varianten.
Alpha, Beta, Gamma, Delta schlugen schon an Land,
und heute schwimmen wir auf Omikron.

Wer alt und krank ist, schaut mit Sorgen auf die Wellen
und legt sich Rettungswesten an.
Die Törichten bereiten sich nicht vor,
schau'n weg und wollen an Gefahr nicht glauben.
Sie meinen, dass dies Wasser sie nicht netzt
und werden an den Strand gespült,
lebendig oder tot.

Junge und gesunde Leute haben längst gelernt,
perfekt zu surfen auf den Wellen.
Wir Alten sollten ihnen neidlos zuschaun
und sie nicht länger hindern, frei zu leben.

Hinter den Masken herrscht Schweigen.

Atemberaubend sind Masken für manche und
atemberaubend schnell verändert die Welt sich.

Vor Angst atemlos starren Menschen auf Zahlen,
warten bewegungslos ab,
obwohl alle wissen,
dass mehr als ein Virus die Menschheit bedroht.

Nicht giftiger Atem, sondern Gier zerstört unsere Zukunft.
Doch es schweigen die Vielen,
heben nicht mehr die Stimme.
Hinter Masken auf Abstand gehalten,
schweigt es sich leicht,
den Fokus gerichtet
auf das eigene kleine Leben allein.

Wer den Tunnelblick hat,
sieht die Welt nicht mehr,
sieht die Not der Elenden nicht,
spürt nur Angst vor giftigem Atem.

Atemberaubend rasch mehren sich Macht und Vermögen
der Wenigen,
die weit oben die Lufthoheit nutzen für Riesengewinne,
welche genährt werden vom Geschäft mit dem Virus.
Krisengewinnler sind sie und vergessen vielleicht,
dass auch sie bloß Menschen sind,
die atmen müssen.

Angst nimmt auch jenen den Atem,
die sicher sich glaubten
in mühsam erworb'nen, kleinen Geschäften.

Doch mehr noch wird jenen der Atem genommen,
die noch nie sicher waren:
Den Ärmsten der Welt wird Land, Nahrung
und Leben gestohlen
und Kriege sind jederzeit möglich.

Vergeudete Zeit

Verlorene Zeit für Bejahrte
wartend im Sessel auf den Tod,
weil man alt geworden ist
und Isolation vielleicht Lebenszeit bewahrt.

Wird es die Seuche sein,
die den Tod bringt,
oder der sterbende Mut,
die verlorene Lebensfreude, die Einsamkeit?

Verlorene Jahre
für die jungen Kinder,
die den Großteil ihrer Lebenszeit
noch nicht nutzen konnten,
um das zu lernen
was sie brauchen
für ihr Leben in Gemeinschaft.

Verlorene Lebenszeit
für Schüler und Studenten,
die sich nicht ausprobieren
und nicht treffen dürfen
in Gruppen mit Freunden,
die aber wichtiges Echo und Spielraum wären
fürs Lernen, erwachsen zu werden.

Bald müssen sie die Welt gestalten.
Wie soll ihnen das je gelingen,
wenn soziales Lernen beschnitten ist?

Arbeitswelt

Geschäftigkeit

Dioden blinken, Bänder gleiten,
Algorithmen laufen lautlos ab.

In kleinen Chips wird Zukunft abgestimmt
in immer gleicher Qualität.

Eintönig rauscht es in den Rechnern,
Gebläse kühlen Prozessoren ab.

Durch Hallen fahren Automaten.
Schweigend, mit toten Gelenken,
erzeugen sie Waren und packen sie ein.

Ein paar Kontrolleure leben noch,
lassen leere Blicke schweifen durchs Glas,
Doch meistens starren sie auf Monitore.

Auf Edelholz-Tische von Shareholdern
gleiten zeitgleich aus vernetzten Druckern
Listen, die bereits entschieden haben,
welcher Mensch nicht länger wertvoll ist.

Nur der Börsenwert gilt noch als Wert.
Das ist die gültige Religion.

Das Menschenhirn wird vom TV bespielt
oder es entwickelt neue Algorithmen,
die bald schon jedes Hirn ersetzen werden.

Wie lange mag es wohl noch dauern,
bis die entfernten Geldbeherrscher
begreifen, dass ein Roboter nicht spielt,
nichts kaufen und nichts essen wird?

Böse neue Welt

Kein Hämmern
Kein Heben
Kein Schaffen
Kein Leben
Und doch Produktion.

Automaten agieren
Klaglos, produzieren
Ohne Freizeit,
Tarif oder Streik.
Roboter fordern nicht.

Ohne Wert und Arbeit vegetiert der Mensch kläglich,
Vor Bildschirmen formatiert wird sein Geist täglich.
Virtuelle Waren konsumiert er unbeweglich,
Verlernt dabei Denken, Handeln und Demokratie.

Was einzig mal war, wird zu Masse programmiert,
Damit ein jeder Freiheit und Träume verliert,
Gesellschaft von Armseligen wird so zementiert,
Und gutes Leben findet in Filmen nur statt.

Nachwort:

„Das können die mit den Leuten nicht machen, so wahnsinnig können Politiker gar nicht sein, das würde doch einen Aufstand geben, das würden sich selbst die Deutschen nicht gefallen lassen!", hätte ich vor fünf Jahren noch behauptet, wenn mir jemand die heutigen Zustände prophezeit hätte. Es ging so schnell.

Das europäische Jugoslawien war mit Nato-Hilfe zerschlagen worden und die akuten Kriege fanden „nur" noch im Nahen Osten, Afrika oder Asien statt. Dachten wir. Und kaum hatten sich die Volkswirtschaften einigermaßen erholt von der gigantischen Umverteilung durch Finanzspekulationen und Staatsverarmung in den 2000er Jahren – ausgelöst durch die hemmungslose Gier der Banker und Shareholder des internationalen Kapitals –, erhofften sich die Leute erneut Wohlstands-Krümel von den Tischen der Reichen. Resigniert hatten sie akzeptiert, dass ihr Anteil am Geldvermögen nicht zunehmen würde, falls sie nicht selber das Glück hatten, reiche Eltern beerben zu können. Nur noch die Vermögen einer kleinen Geld-Elite wuchsen ins Maßlose.

Immerhin: In Deutschland musste ja niemand verhungern. Friedhofsruhe kehrte wieder ein, auch wenn es manchmal

Meldungen gab über russische Militäraktionen an dessen süd-
lichen Grenzen. Solche Nachrichten gehörten ebenso zum All-
tag wie jene über vom Westen geführte Militäraktionen z.B. in
Libyen, Syrien, Irak oder Afghanistan.

Für Unruhe sorgten jedoch Ströme von Kriegsflüchtlingen aus
Nahost. Die USA waren zu weit entfernt, um von diesen Flücht-
lingen erreicht zu werden. Eine kurze Stimmung von Humani-
tät und Hilfsbereitschaft in Europa sackte bald in sich zusam-
men, vielleicht, weil mit den Flüchtlingen einige islamische At-
tentäter einreisten. Es kam zu Anschlägen mit vielen Opfern.
Flüchtende Menschen wurden nun zur Verschiebemasse und
zu politischem Druckmittel.

Die anderen, die Elendsflüchtlinge aus Afrika, waren hier ohne-
hin nie willkommen gewesen. Mit der Armut in Afrika hatten
wir doch nichts zu tun, oder? Die Menschen dort waren
schließlich immer schon arm und brachten nichts auf die Beine.
Ihre Rohstoffe wurden immer schon von unseren westlichen
Firmen ausgebeutet. Hauptsache, die Afrikaner kauften unsere
subventionierten Produkte und Lebensmittelexporte. Wer an
Börsen handelte, konnte wunderbar daran mitverdienen.

Etwa zeitgleich unterstützte der Westen die Bestrebungen des
städtischen ukrainischen Mittelstandes, sich den Wohltaten

der europäischen Union und der US-geführten Nato anzuschließen. Gegen den historisch russischstämmigen Bevölkerungsteil im Osten und Süden der Ukraine begann ein Bürgerkrieg, denn die dortigen Bewohner wollten ihre enge Verbundenheit mit Russland beibehalten. Internationale Friedensbemühungen für mehr Autonomie dieser Regionen scheiterten an der Sturheit der Ukraine. Russland hingegen berief sich auf das westliche Versprechen im Zuge der Vereinigung der beiden deutschen Staaten und erklärte, die Ausweitung der Nato bis an seine Grenzen nicht zu akzeptieren. Die traditionell russisch bevölkerte Krim mit dem Flottenstützpunkt Sewastopol optierte bei einer Volksabstimmung für Russland, das daraufhin die Krim annektierte. Wir im Westen verhängten Sanktionen gegen Russland, aber konnten damit noch gut leben.

Wer genau hinhörte, merkte zwar, dass sich zwischen den USA und Russland die Stimmung beängstigend verschlechterte, aber mehr noch zwischen den USA und China, das seinen globalen Einfluss durch boomende Wirtschaft stark vergrößert hatte. Ein neuer amerikanische Präsident Trump erklärte, die USA wieder zur einzigen Weltmacht führen zu wollen. Der Friedensinstitution UNO strich er Geldmittel, stattdessen forderte er von den Verbündeten eine erhebliche Aufstockung ihrer Beiträge für die Nato, obwohl wir bereits Milliarden für den Afghanistankrieg der USA zahlten.

Zwar brummte in Deutschland die Wirtschaft, doch Renten- oder Lohnerhöhungen fingen die Preissteigerungen insbesondere bei Mieten und Energiekosten schon nicht mehr auf. Das Volk blieb dennoch ruhig, man glaubte, das Klima retten zu können durch rasante Preissteigerungen für Strom und mit teuren Gebäudesanierungen. Dann kam Corona und das Volk verstummte fast.

Angst und unseliger politischer Aktivismus brachen weltweit aus; in Deutschland besonders ausgeprägt und vermutlich nur getoppt vom autoritären China. Reiseverbote, Grenzkontrollen, Schließung von Hotels, Schulen, Kindergärten, Spielplätzen, Sportstätten, Firmen, Kulturstätten, Verbot aller Veranstaltungen, Besuchsverbote in Krankenhäusern und Altenheimen, sogar für Familienbesuche – endlos war die Liste der radikalen Verbote von Lebensäußerungen.

Die Angst wurde geschürt durch ständige Beschwörung eines drohenden Corona-Todes. Wir nahmen es gläubig hin. Wir verschlossen unsere Münder mit Masken und tun das bis heute. Unkritischer Gehorsam wurde uns erfolgreich eingebläut. Jeder Protest wurde rechten Verschwörungsbewegungen überlassen oder diesen zugeordnet.

So waren wir gut vorbereitet, all unsere Wut und Unzufriedenheit auf den russischen Präsidenten Putin abzuleiten, als dieser die Ukraine angriff und einen offenen Krieg begann. Die europäische Reaktion waren weitere Sanktionspakete, die unserer Gesellschaft jedoch mehr schaden als dem Aggressor. Nicht die russischen Multimillionäre wurden getroffen von unseren Sanktionen – dazu sind sie viel zu sehr verflochten im globalen Kapitalismus – , sondern betroffen sind die kleinen Leute, zwar auch in Russland, aber viel heftiger hier im westlichen Europa, während sich zeitgleich russische und westliche Energiekonzerne unvorstellbar bereichern.

Seit Kriegsausbruch wird nicht mehr die Angst vor dem Tod geschürt, sondern die neue Erzählung lautet: Eure Freiheit ist bedroht, unsere Demokratie insgesamt steht auf dem Spiel, darum müssen wir Waffen schicken und den Krieg in der Ukraine finanzieren. Mit Schutz von Menschen wird nicht mehr argumentiert. Das würde ja verraten, welch unterschiedlichen Wert wir Menschenleben zumessen, denn wir statten ja keineswegs alle gequälten Bevölkerungen mit unbegrenztem Geld und Waffen für Widerstand aus. Wir tun dies nur, wenn wir eigene Interessen oder die einer Nato-Macht durchsetzen müssen.

Kriegstote sind kein Kriterium mehr, im Gegenteil. Der Krieg soll andauern, Verhandlungen sind als Option ausgeschlossen worden, es muss weiter gestorben werden. Und weil die Ukraine nicht die nötigen Mittel hat zur Versorgung ihres Volkes, geschweige zur Kriegsführung und Verteidigung gegen die russische Armee, darf sie uns ihre Wunschlisten überreichen; wir werden alles zahlen. Das hat unsere Außenministerin versprochen, egal was es koste oder wie lange es dauert. Russland als Großmacht muss unwiderruflich zerstört werden, sagt sie. Der US-Außenminister fordert: Im Kampf gegen Russland müssen wir den langfristigen Fluss von Waffen garantieren. Es gibt darüber keine öffentliche Empörung; ein sehr langer Krieg ist eingepreist.

In meiner Jugend in den 70ern hätten die jungen Menschen ihre Antwort auf der Straße gegeben. Was also ist passiert, dass heute die Jugend solche Ungeheuerlichkeiten klaglos hinnimmt? Es wurde ihnen doch ein langfristiger Krieg angekündigt, für den sie lebenslang werden zahlen müssen. Denn Krieg ist immer zu teuer, er kostet alles: Umwelt, Leben, Gesundheit, Seelen, Moral und viel Geld. Einige Wenige haben das Geld.

Die Autorin

Studiert habe ich Landespflege, Englisch, Publizistik und Psychologie. Eine weitere Ausbildung zur Touristikkauffrau folgte, als meine beiden Kinder erwachsen waren. Ich lebe wieder in der westfälischen Kreisstadt am Teutoburger Wald, wo ich in der in der spießigen, oft verlogenen Atmosphäre der Nachkriegszeit aufgewachsen bin. Inzwischen bin ich mehrfache Großmutter, sogar Urgroßmutter, aber immer noch engagiert in Gesellschaft, Gewerkschaft und Politik. Meine 5-Generationen-Familie, der Garten und die Haustiere halten mich jung, wenn ich nicht schreibe oder lese.

Beim Schreiben sortiere ich Erlebnisse, Eindrücke, Gedanken und moralische Überzeugungen, und ich bewahre damit Stückchen vom Leben auf: Von Freunden, der Familie und vielen anderen Menschen, die mir ihre Geschichten erzählen. Früher schrieb ich Beiträge und Glossen für politische Zeitschriften sowie Reiseberichte und andere Beiträge für die lokale Presse, heute veröffentliche ich Bücher. Die ganz verschiedenen Themen meiner Bücher sind Resultat meiner weitgespannten Interessen und reichen von Belletristik (Lyrik, Krimis, Märchen, Abenteuer, Lebensgeschichten) bis zu verschiedenen Sachthemen.

Seit 2014 habe ich, abgesehen von wissenschaftlichen und journalistischen Texten oder Anthologie-Beiträgen, 22 eigenständige Bücher in verschiedenen Genres veröffentlicht.

Kurze Bibliographie:

Schmuddelbuch. Neuauflage: Kriminalroman um zwei Tote und ein Manuskript. Taschenbuch und E-Book August 2022

Manchmal meldet sich der Wolf in mir. Hunde erzählen ihr Leben: Elf vierbeinige Gefährten berichten aus der Hundeperspektive von sich und ihren Menschen. Taschenbuch und E-Book, März 2022

Beim kleinen Volk im Wald: Frau Gerda und ihr Hund dürfen am Leben einer Wichtelfamilie teilnehmen und ihre Naturwelt kennenlernen. Taschenbuch und E-Book, Januar 2022

CORONA. Wir leben noch. Aber wie?: Ein Virus spaltet und radikalisiert die Gesellschaft, Essay, 82 S., Taschenbuch und E-Book, September 2021

Elf fiese Weihnachtsmorde: Wenn Festtagsstimmung mörderisch wird. Taschenbuch und E-Book, November 2020

Sanfte Heimat Detmold und Teutoburger Wald: Gedichte mit Fotos zu Orten und Wanderungen im Lipperland, Taschenbuch und E-Book, Juni 2020

Immanuels Geschichten. Reisen in die Hoffnung: Märchenhafte Abenteuer, Taschenbuch und E-Book, April 2020

Weit draußen – Mordermittlung auf St. Kilda: Ein Schottland Krimi mit starken Frauen, Taschenbuch und E-Book, November 2019

Worte finden bei Trauer und Schmerz – Abschied bewältigen: Gedichte, Bilder und Geschichten. Hardcover, Taschenbuch und E-Book, August 2019

Was immer bleiben sollte. Lyrik zu Natur, Heimat und Welt: Taschenbuch und E-Book, August 2019

Weihnachtszeit friedlich sanft bis mörderisch böse: Gedichte und Geschichten. Taschenbuch und E-Book, November 2018

Waldemar Kein Nazi - Kein Held - Kein Ruhm: Hundert Jahre kleiner Mann in Deutschland (1918-2018). Taschenbuch und E-Book, Oktober 2018

Die Liebe der Trollprinzessin: Ein Fantasy-Märchen. Taschenbuch und E-Book, Juli 2018

Du sollst nicht schreiben! Mord unter Schriftstellern: Krimi. Taschenbuch und E-Book, November 2017

Keine Angst vor Industrie 4.0 Digitalisierung als Chance für humane Arbeit: (gemeinsam mit Dr. P. Greschke). Sachbuch. Taschenbuch und E-Book, November 2017

Lucius. Die Bürde der Prophezeiung: Fantasy-Roman, Taschenbuch und E-Book, September 2017

Weihnachten zart-herb: Geschichten und Gedichte. Taschenbuch und E-Book, November 2016

Neue Liebe pünktlich zum Fest: Romantischer Kurzroman. E-Book, Nov. 2016

Warum funktioniert der Computer wieder nicht? Heiter-satirischer Ratgeber zu digitalen Generationskonflikten. Taschenbuch und E-Book, Mai 2015

Mord bei Kurs Nord – Zwei Freundinnen ermitteln: Eine amüsante Detektivgeschichte. E-Book, August 2015

Wenn Wellness nicht guttut: Krimi. E-Book, November 2015

Kein roter Faden – weil das Leben bunt und unfair ist: Geschichten für lange und kurze Momente. Taschenbuch und E-Book, August 2015

Ausführliche Beschreibungen der Bücher findet ihr auf meiner Autorenseite bei Facebook oder auf meiner Autorenseite bei Amazon.

Weil es jährlich fast 100.000 Neuerscheinungen auf dem deutschen Buchmarkt gibt, freue ich mich besonders, dass du dieses Buch gefunden hast.

Es ist schwer für uns Autoren, in den digitalen Katalogen auf-gefunden zu werden, aber wenn dir dieses Buch gefallen hat, kannst du mir mit deiner Bewertung auf einer Verkaufsplatt-form helfen, etwas sichtbarer zu werden. Darüber freue ich mich immer sehr.